AF555833

1889 Avril 24

Atelier

Eug. Lavieille

PARIS, 1889

IMPRIMERIE D. DUMOULIN ET Cie
Rue des Grands-Augustins, 5, à Paris.

TABLEAUX

PAR

EUGÈNE LAVIEILLE

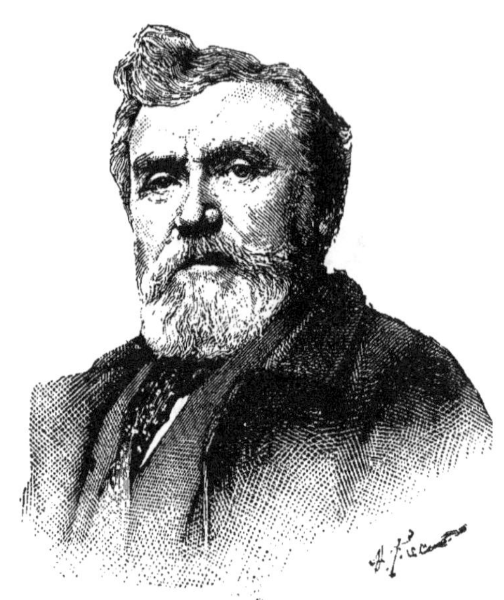

EUGÈNE LAVIEILLE

CATALOGUE

DE

TABLEAUX

PAR

Eugène LAVIEILLE

DONT LA VENTE AURA LIEU PAR SUITE DE SON DÉCÈS

HOTEL DROUOT, SALLE N° 1

Les Mercredi 24 et Jeudi 25 Avril 1889,

à deux heures.

COMMISSAIRE-PRISEUR	EXPERT
Me PAUL CHEVALLIER	M. DURAND-RUEL
10, rue de la Grange-Batelière, 10	16, rue Laffitte, et rue Le Peletier, 11

Chez lesquels se trouve le présent Catalogue.

Exposition particulière dans les galeries Durand-Ruel

16, rue Laffitte, et 11, rue Le Peletier.

Les 16, 17, 18, 19 et 20 Avril 1889, de 10 heures à 6 heures

Exposition publique, hôtel Drouot, salles nos 1 et 3

Le Mardi 23 Avril 1889,

De une heure et demie à cinq heures et demie.

CONDITIONS DE LA VENTE

La vente sera faite au comptant.

Les acquéreurs payeront cinq pour cent en sus des enchères applicables aux frais.

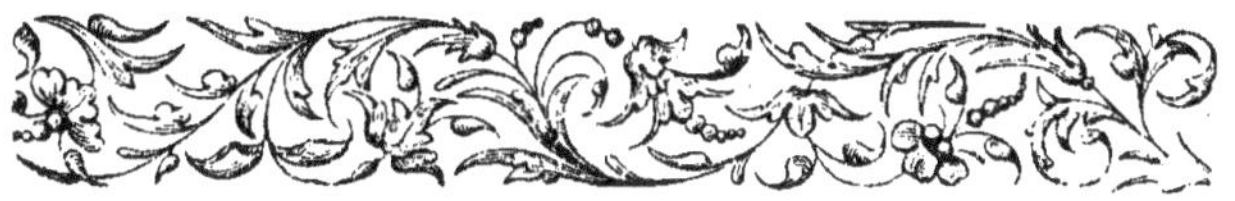

EUGÈNE LAVIEILLE

« M. Lavieille sera un peintre! » écrivait Thoré (il y a quarante-cinq ans de cela).

La critique se trompe assez souvent dans ses arrêts pour que nous relevions pieusement celles de ses prophéties où elle a fait preuve de quelque clairvoyance. Certes, en voilà une qui devait se réaliser. Le débutant, le barbouilleur obscur, le timide élève de Corot, qui se risquait pour la première fois à envoyer une étude au Salon de 1844, n'allait pas tarder à prendre une place brillante dans l'école du paysage moderne, du paysage rénové, créé, débarrassé des antiques formules, des écœurantes conventions, du paysage sans épithète, ou si l'on veut, du paysage vrai. Encore est-il essentiel d'entendre ce dernier vocable à la façon élevée de Topffer en ses Menus propos d'un peintre genevois. *Pour nous, le paysage vrai est celui qui comporte une réelle émotion, c'est-à-dire celui où l'artiste, selon l'immortelle définition de Bacon, s'ajoute réellement à la nature.*

*Or, dans les moindres toiles d'Eugène Lavieille, cette émotion, cette part de lui-même se trahit immédiatement. Deux grands poètes ont rendu au peintre l'inoubliable hommage de tressaillir devant ses œuvres, d'éprouver à leur tour l'émotion profonde, communicative qu'il avait ressentie le premier. Parlant de l'*Inondation de Saint-Ouen en 1861, *Charles Baudelaire disait :*

« *M. Lavieille a accompli une tâche fort difficile et qui effrayerait même un poète. Il a osé exprimer le charme infini, inconscient et l'immortelle gaieté de la nature dans ses jeux les plus horribles. Sous ce ciel plombé et gonflé d'eau comme un ventre de noyé, une lumière bizarre se joue avec délices, et les maisons, les fermes, les villas, enfoncées dans le lac jusqu'à la moitié, ont l'air de se regarder complaisamment dans le miroir immobile qui les environne.* »

De son côté, Théophile Gautier a décrit, en prose et en vers, la Soirée de janvier, souvenir du chemin de Pierrecourt à Nelles Normandeuses :

« *Au bord d'une route saupoudrée de neige, une chaumière au toit blanc, à demi cachée par les arbres, envoie au ciel sa spirale de fumée bleue. Le chemin fait une courbe, et, à travers le tronc svelte et la ramure grêle des ormes et des peupliers, s'éteignent, sous la nuit qui vient, les rougeurs du crépuscule. Tout est froid, silencieux et solitaire dans cette toile où la présence de l'homme ne se trahit que par un flocon de fumée.* »

*Voici maintenant les ravissantes strophes inspirées au poète d'*Albertus *par le peintre-poète de la* Soirée de janvier :

Là-bas, sous les arbres s'abrite
Une chaumière au dos bossu;
Le toit penche, le mur s'effrite,
Le seuil de la porte est moussu;

La fenêtre, un volet la bouche,
Mais du taudis, comme, au temps froid,
La tiède haleine d'une bouche,
La respiration se voit.

Un tire-bouchon de fumée,
Tournant son mince filet bleu,
De l'âme en ce bouge enfermée
Porte des nouvelles à Dieu.

C'est du reste un véritable plaisir que de suivre, dans les innombrables feuilletons consacrés aux Salons, les progrès constants de l'artiste, du maître peintre dont les savoureuses études et les derniers tableaux vont se disperser tout à l'heure aux quatre vents des enchères. Si nous voulions seulement résumer toutes les pages élogieuses des Asselineau, des Burger, des About, des Paul Mantz, des Castagnary, etc., nous excéderions de beaucoup les limites de cette étude. Aussi nous bornerons-nous à rappeler les appréciations les plus intéressantes et les plus « perspicaces. »

« *Le* Printemps! *du soleil partout! écrivait Charles Bataille à propos des deux paysages du Salon de 1865 : le* Printemps *et l'*Automne. *Fleurs aux pommiers, fleurs sur la terre, rayonnements au ciel. Des chaumes rissolés, des paysans bruns, à la tête pensive, des poules qui vont caquetant, cherchant la grenaille sous les gazons desséchés. A droite, un pauvre hangar où l'on met la charrette à l'abri. Ah! comme s'écriait Musset : « Ah! poètes, poètes, que nous avez-vous fait! » La vraie vie, la voilà! Corydon et Mélibée n'ont rien à voir dans ce dur labeur du sol Et pourtant quel charme intime, quelle grandeur dans ces lois fatales du travail!*

« L'Automne, *c'est le travail encore, mais la vieille Cybèle, tout à l'heure en floraison, s'est faite l'*alma parens *de Virgile. Les fleurs sont des* *fruits. Octobre a succédé à mai. Il faut gauler les pommiers, et l'on gaule à tour de bras. Une forte villageoise emporte les mannes pleines jusqu'à la carriole. Les arbres, chargés de fruits, résistent et se redressent sous cette brutalité de l'homme. La chaumière se dessine au fond, calme, souriante et bénie dans son paysage plantureux.*

« M. Lavieille, longtemps épris des saisons mortes de l'année, vient de s'attaquer à la sève avec une douceur victorieuse. Sa couleur déjà solide s'est vivifiée, le grand sentiment de la nature, qu'on lui reconnaissait depuis dix ans, s'est idéalisé en se fortifiant; à l'heure présente, il doit compter parmi nos cinq ou six paysagistes. »

Paul de Saint-Victor dit aussi :

« M. Lavieille est encore un des plus aimables poètes de la nature familière. Le Souvenir de la Ferté-Milon, *avec son ciel tendre et fin et ses arbres où la floraison pointe à peine, a la primeur d'un beau jour d'avril. »*

Edmond About, l'un des plus fervents admirateurs du peintre, n'est pas moins affirmatif :

« Lavieille fait bien ce qu'il fait. Il met de sa conscience et de son cœur dans ses moindres ta-

bleaux comme dans ses toiles les plus importantes. L'amateur qui achète un Lavieille emporte réellement un petit morceau de l'artiste lui-même. »

Lorsque le jury décerna au peintre du Pacage normand *et des* Fougères *une nouvelle médaille qui le mit hors concours (1870), Olivier Pichat portait en ces termes la bonne nouvelle aux lecteurs du* Gaulois :

« *Il y a longtemps que Lavieille a pris rang parmi les représentants les plus respectés de l'école paysagiste. Voilà un piocheur et un véritable amant de son art! C'est lui qui n'a pas marchandé son existence pour placer la nature dans ses moments les plus durs à saisir! Ainsi, qui ne se souvient de ses admirables effets de neige, de toutes ces toiles qui feraient la gloire de plusieurs artistes? En donnant cette année une médaille à Lavieille, on a réparé un bien grand oubli. Cette médaille-là a racheté bien des choses.* »

Théodore Pelloquet définit ainsi l'œuvre du grand paysagiste :

« *C'est un peintre plein de conscience et de talent, un coloriste vrai, un dessinateur remarquable et qui met une grande variété dans ses compositions.* »

Et Castagnary :

« *Qu'il peigne l'*Aurore *ou le* Crépuscule, *les faucheurs répandus dans la blonde lumière du matin ou les vaches allant boire aux premières ombres du soir, M. Eugène Lavieille est maître de son art et produit avec certitude l'effet qu'il a voulu rendre.* »

Il faudrait, je le répète, citer tous les maîtres de la critique contemporaine. Tous sont d'accord pour glorifier le paysagiste ému, consciencieux et sobre, qui « fut longtemps le peintre de l'aurore et du jour, avant de devenir le peintre de la nuit. »

FIRMIN JAVEL.

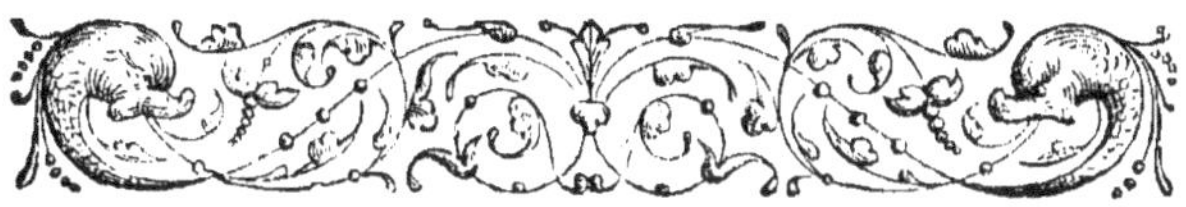

DÉSIGNATION

1 — Lever de Lune à Veneux-Nadon.

Haut., 90 cent.; larg., 1 m. 50 cent.

2 — La Vallée des sept moulins.

Haut., 90 cent.; larg. 1 m. 50 cent.

3 — Le Lutin, prairie de Veneux (Seine-et-Marne).

Haut., 62 cent.; larg., 1 m.

4 — Lever de Soleil.

Haut., 63 cent.; larg., 92 cent.

5 — Moret.

Haut., 52 cent.; larg., 81 cent.

6 — Vue de Montargis.

Haut., 62 cent.; larg., 47 cent.

7 — Village de la Booz, près Bretoncelles (Nuit).

Haut., 67 cent.; larg., 43 cent.

8 — La Juine à Gillevoisin.

Haut., 95 cent.; larg., 1 m. 30 cent.

9 — Pompierre (Seine-et-Marne).

Haut., 45 cent.; larg., 72 cent.

10 — Le Père Boin des Sablons.

Haut., 55 cent.; larg., 46 cent.

11 — Roses Trémières.

Haut., 66 cent.; larg., 37 cent.

12 — La Rue du Mont-Cenis avant la guerre.

Haut., 49 cent.; larg., 35 cent.

13 — L'Ile Saint-Ouen avant la guerre.

Haut., 33 cent.; larg., 52 cent.

14 — Tète d'étude.

Haut., 41 cent.; larg., 33 cent.

15 — Barbizon, effet de neige.

Haut., 25 cent.; larg., 40 cent.

16 — Barbizon, bornage de la forêt.

Haut., 39 cent.; larg., 23 cent.

17 — Hangar à Savigny-sur-Orge.

Haut., 20 cent.; larg., 34 cent.

18 — Tête d'étude.

Haut., 22 cent.; larg., 16 cent.

19 — Pierrefonds avant sa restauration.

Haut., 62 cent.; larg., 1 m.

20 — Pierrefonds avant sa restauration.

Haut., 62 cent.; larg., 1 m.

21 — Pierrefonds avant sa restauration.

Haut., 62 cent.; larg., 1 m.

22 — La Mare de la tuilerie à Courpalay.

Haut., 62 cent.; larg., 1 m.

23 — Moutiers-au-Perche (Orne).

Haut., 62 cent.; long., 1 m.

24 — L'Eglise de Bretoncelles (Orne).

Haut., 80 cent.; larg., 64 cent.

25 — Cour de ferme à Arcy (Oise).

Haut., 64 cent.; larg., 80 cent.

26 — La Route de Grandbréau à Courpalay (clair de lune).

Haut., 81 cent.; larg., 65 cent.

27 — Allée des mares de By.

Haut., 81 cent. larg., 65 cent.

28 — Vue de Saint-Mammès des Sablons.

Haut., 47 cent.; larg., 85 cent.

29 — La Pesassière, près Bretoncelles.

Haut., 47 cent.; larg., 85 cent.

30 — La Ferme de l'Aulnay, près Bretoncelles.

Haut., 47 cent.; larg., 85 cent.

31 — La Fontaine Saint-Vast à La Ferté-Milon.

Haut., 72 cent.; larg., 53 cent.

32 — Le Château de Chamarande (grisaille).

Haut., 49 cent.; larg., 72 cent.

33 — Etude de figure dans l'atelier de Corot.

Haut., 73 cent.; larg., 50 cent.

34 — La Juine, près Lardy.

Haut., 52 cent.; larg., 72 cent.

35 — Au Rocher Besnard, forêt de Fontainebleau.

Haut., 52 cent.; larg., 72 cent.

36 — Courtomer.

Haut., 54 cent.; larg., 73 cent.

37 — Courtomer.

Haut., 51 cent.; larg., 71 cent.

38 — Cour de ferme à Pierrecourt.

Haut., 61 cent.; larg., 51 cent.

39 — Tête de paysanne.

Haut., 61 cent.; larg., 50 cent.

40 — Chataigniers à Janville.

Haut., 65 cent.; larg., 54 cent

41 — Printemps à Grandbréau.

Haut., 54 cent.; larg., 46 cent.

42 — Le Chemin vert aux Sablons.

Haut. 43 cent ; larg., 71 cent.

43 — Montargis.

Haut., 72 cent.; larg , 52 cent.

44 — Précy à Mont, près La Ferté-Milon.

Haut., 54 cent.; larg., 72 cent.

45 — Le Moulin Aubert, près Pompierre.

Haut., 45 cent.; larg., 34 cent.

46 — Dans les ventes à la Reine (Fontainebleau).

Haut., 45 cent.; larg., 34 cent.

47 — Forêt de Fontainebleau.

Haut., 52 cent.; larg., 34 cent.

48 — Plateau du Libera (Orne).

Haut., 35 cent.; larg., 58 cent.

49 — Printemps à Grandbréau.

Haut., 35 cent.; larg., 58 cent.

50 — Lisière de bois à Courpalay.

Haut., 60 cent.; larg., 44 cent.

51 — L'Eglise de Courtomer.

Haut., 60 cent.; larg., 46 cent.

52 — La Ferme de Gratteloup, près Courpalay.

Haut , 45 cent.; larg., 72 cent.

★★

53 — Verger aux Sablons.

Haut., 44 cent.; larg., 72 cent.

54 — Le Moulin au sel à Lardy.

Haut., 30 cent.; larg., 23 cent.

55 — Saint-Jean de Luz.

Haut., 35 cent.; larg., 25 cent.

56 — Herbage à Bretoncelles.

Haut., 35 cent.; larg., 27 cent.

57 — Jardin de Barbizon (effet de neige).

Haut., 27 cent.; larg., 40 cent.

58 — Ventes à la reine (Fontainebleau).

Haut., 44 cent.; larg., 37 cent.

59 — La Chapelle Iger, près Courpalay.

Haut., 28 cent.; larg., 49 cent.

60 — Printemps à Lacelle.

Haut., 32 cent.; larg., 48 cent.

61 — Le Lutin, prairie de Veneux.

Haut., 45 cent.; larg., 38 cent.

62 — Printemps à Grandbréau.

Haut., 34 cent.; larg., 48 cent.

63 — Forêt de Fontainebleau.

Haut., 45 cent.; larg., 34 cent.

64 — Le Pont de Moret.

Haut., 49 cent.; larg., 34 cent.

65 — Inondation à Saint-Ouen.

Haut., 33 cent.; larg., 47 cent.

66 — Noyers, plaine de Veneux.

Haut., 44 cent.; larg., 60 cent.

67 — Printemps à Grandbréau.

Haut., 43 cent.; larg., 59 cent.

68 — Rocher Besnard (Fontainebleau printemps).

Haut., 45 cent.; larg., 62 cent.

69 -- Prairie en fleurs.

Haut., 26 cent.; larg., 40 cent.

70 — Le Raidillon du passage à niveau, Veneux.

Haut., 45 cent.; larg., 34 cent.

71 — Prairie de Lacelle.

Haut., 34 cent.; larg., 45 cent.

72 — Sir Bottomley dans les roches Courteaux.

Haut., 21 cent.; larg., 27 cent.

73 — Eglise de Pierrefonds.

Haut., 25 cent.; larg., 19 cent.

74 — Barques à marée basse, temps gris.

Haut., 16 cent.; larg., 30 cent.

75 — Saint-Jean de Luz.

Haut., 21 cent.; larg., 33 cent.

76 — Faucheur.

Haut., 26 cent.; larg., 32 cent.

77 — La baie de Saint-Jean de Luz.

Haut., 19 cent.; larg., 43 cent.

78 — Saint-Ouen.

Haut., 30 cent.; larg., 22 cent.

79 — Les Bains de Moret.

Haut., 23 cent.; larg., 35 cent.

80 — Soleil couchant à Nesles.

Haut., 22 cent.; larg., 35 cent.

81 — La Ferté-Milon.

Haut., 23 cent.; larg., 38 cent.

82 — Barque à marée basse (Berck).

Haut., 27 cent.; larg., 35 cent.

83 — Faneuse à La Ferté-Milon.

Haut., 39 cent.; larg., 26 cent.

84 — Étude de daims.

Haut., 26 cent.; larg., 40 cent.

85 — Prairie de Veneux.

Haut., 31 cent.; larg., 40 cent.

86 — Faneur de La Ferté-Milon.

Haut., 40 cent.; larg., 26 cent.

87 — Daims dans la neige.

Haut., 41 cent.; larg., 26 cent.

88 — Clos de la Tuilerie à Courpalay.

Haut., 34 cent.; larg., 48 cent.

89 — Effet de neige au rocher Besnard (Fontainebleau).

Haut., 37 cent.; larg., 46 cent.

90 — Étude de daims.

Haut., 45 cent.; larg., 35 cent.

91 — Le Moulin de Courtomer.

Haut., 28 cent.; larg., 49 cent.

92 — Prairie de Nesles (Seine-Inférieure).

Haut., 27 cent.; larg., 49 cent.

93 — Le Lutin, prairie de Veneux.

Haut., 28 cent.; larg., 49 cent.

94 — A Canteleup.

Haut., 35 cent.; larg., 27 cent.

95 — Étude de figure aux Sablons.

Haut., 32 cent.; larg., 40 cent.

96 — Noyer à Marlotte.

Haut., 37 cent.; larg., 45 cent.

97 — Pommiers à Janville.

Haut., 40 cent.; larg., 55 cent.

98 — L'Ile à Marin, en face de Veneux.

Haut., 35 cent.; larg.. 58 cent.

99 — Rocher brûlé (Fontainebleau).

Haut., 54 cent.; larg., 65 cent.

100 — La Maison de Lavieille aux Sablons.

Haut., 24 cent.; larg., 33 cent.

101 — Glaneuse à La Ferté-Milon.

Haut., 35 cent.; larg., 24 cent.

102 — Glaneuse à La Ferté-Milon.

Haut., 35 cent.; larg., 25 cent.

103 — La Vallée sèche aux Sablons.

Haut., 26 cent.; larg., 42 cent.

104 — Rocher brûlé (Fontainebleau).

Haut., 26 cent.; larg., [illegible]2 cent.

105 — Paysan assis.

Haut., 33 cent.; larg., 40 cent.

106 — Figure dans la neige.

Haut., 40 cent.; larg., 32 cent.

107 — Prairie de Nesles.

Haut., 27 cent.; larg., 44 cent.

108 — Le Lutin, prairie de Veneux.

Haut., 45 cent.; larg., 34 cent.

109 — Saint Mammès vu des Sablons.

Haut., 18 cent.; larg., 50 cent.

110 — Printemps aux Sablons.

Haut., 26 cent.; larg., 42 cent.

111 — Italienne dans un jardin.

Haut., 46 cent.; larg., 52 cent.

112 — Hangar à Bretoncelles.

Haut., 38 cent.; larg., 46 cent.

113 — Printemps aux Sablons.

Haut., 38 cent.; larg., 46 cent.

114 — Prairie de La Ferté-Milon.

Haut., 20 cent.; larg., 12 cent.

115 — Soleil couchant à Précy-à-Mont.

Haut., 11 cent.; larg., 23 cent.

116 — Canal de l'Ourcq. La Ferté-Milon.

Haut., 15 cent.; larg , 21 cent.

117 — Barbizon. Le Clos du père Ganne.

Haut., 17 cent.; larg., 30 cent.

118 — Barbizon, effet de neige.

Haut., 17 cent.; larg., 30 cent.

119 — La Juine à Lardy.

Haut., 15 cent.; larg., 23 cent.

120 — Effet de brouillard à Andresy.

Haut., 18 cent.; larg., 27 cent.

121 — Moret.

Haut., 20 cent.; larg., 29 cent.

122 — Pierrefonds pendant la restauration.

Haut., 31 cent.; larg., 22 cent.

123 — Pierrefonds pendant la restauration.

Haut., 31 cent.; larg., 22 cent.

124 — Sous bois.

Haut., 31 cent.; larg., 22 cent.

125 — La Ferté-Milon.

Haut., 23 cent.: larg., 35 cent.

126 — Effet de neige à Courpalay.

Haut., 23 cent.; larg. 35 cent.

127 — Moret.

Haut., 23 cent.; larg., 35 cent.

128 — La Ferté-Milon, matin.

Haut., 23 cent.; larg., 35 cent.

129 — Neige sous bois.

Haut., 34 cent.; larg. 20 cent.

130 — Printemps à Grandbréau.

Haut., 26 cent.; larg., 35 cent.

131 — Une rue de Veneux.

Haut., 23 cent.; larg., 35 cent.

132 — Nuit à Veneux.

Haut., 20 cent.; larg., 35 cent.

133 — Nuit à Courpalay.

Haut., 33 cent.; larg., 41 cent.

134 — Étude de figure plein air.

Haut., 23 cent.; larg., 37 cent.

135 — L'Église de Bretoncelles.

Haut., 35 cent.; larg., 27 cent.

136 — La Juine.

Haut., 38 cent.; larg., 23 cent.

137 — Un Puits à Barbizon.

Haut., 26 cent.; larg., 40 cent.

138 — Un puits à Barbizon.

Haut., 25 cent.; larg., 40 cent.

139 — L'Ile Saint-Ouen.

Haut., 25 cent.; larg., 40 cent.

140 — Le Bois de Borny. Ferté-Milon.

Haut., 40 cent.; larg., 28 cent.

141 — L'Église de Courpalay.

Haut., 46 cent.; larg., 35 cent.

142 — Andresy.

Haut., 28 cent.: larg., 49 cent.

143 — L'Inondation à Saint-Ouen.

Haut., 30 cent.; larg., 58 cent.

144 — Prairie de Bretoncelles.

Haut., 35 cent.; larg., 58 cent.

145 — Cinq Panneaux de Pierrefonds. Dans le même cadre.

146 — Étude de cerf.

Haut., 32 cent.; larg., 41 cent.

147 — Vaches sous bois.

Haut., 32 cent.; larg., 41 cent.

148 — Biche.

Haut., 38 cent.; larg., 44 cent.

149 — La Seine près Lacelle.

Haut., 21 cent.; larg., 35 cent.

150 — Vaches sous bois.

Haut., 32 cent.; larg., 41 cent.

151 — Étude de daims.

Haut., 25 cent.; larg., 40 cent.

152 — Vaches sous bois.

Haut., 41 cent.; larg., 32 cent.

153 — La Pesassière à Bretoncelles.

Haut., 30 cent.; larg., 58 cent.

154 — Andresy.

Haut., 28 cent.; larg., 35 cent.

155 — Prairie de Nesles.

Haut., 28 cent; larg., 39 cent.

156 — Le Gué de Nesles.

Haut., 27 cent.; larg., 51 cent.

157 — Etude de bœuf.

Haut., 22 cent.; larg., 32 cent.

158 — Etude de cerf.

Haut., 32 cent.; larg., 19 cent.

159 — L'Ile Saint-Ouen.

Haut., 25 cent.; larg., 48 cent.

160 — Mer et Ciel.

Haut., 18 cent.; larg., 38 cent.

161 — Chemin de Moret, soleil levant.

Haut., 18 cent.; larg., 32 cent.

162 — Soleil couchant.

Haut., 18 cent.; larg., 30 cent.

163 — L'Ile Saint-Denis.

Haut., 22 cent., larg., 31 cent.

164 — L'Ile Saint-Ouen.

Haut., 26 cent.; larg.. 40 cent.

165 — Soleil couchant.

Haut., 26 cent ; larg., 36 cent.

166 — La Baie de l'Authie.

Haut., 21 cent.; larg., 37 cent.

167 — Le Perreux, de la berge de Bry.

Haut., 23 cent.; larg., 35 cent.

168 — Choisy-le-Roi.

Haut., 26 cent.; larg., 40 cent.

169 — Andresy.

Haut., 18 cent.; larg., 43 cent.

170 — Choisy-le-Roy.

Haut., 19 cent.; larg., 32 cent.

171 — Marine.

Haut., 17 cent.; larg., 28 cent.

172 — Prairie de Lardy.

Haut., 40 cent.; larg., 32 cent.

173 — A marée basse, Berck.

Haut., 23 cent.; larg., 42 cent.

174 — Figure en plein air.

Haut., 32 cent.; larg., 41 cent.

175 — A marée basse, Berck.

Haut., 25 cent.; larg., 46 cent.

176 — Les Etangs de Boucq, près La Ferté-Milon.

Haut., 26 cent ; larg., 42 cent.

177 — Les Ravenelles, près Aincourt.

Haut., 27 cent.; larg., 35 cent.

178 — La Rue du bois Provost, à Courpalay.

Haut., 23 cent.; larg., 35 cent.

179 — Jean de Paris, Fontainebleau.

Haut., 17 cent.; larg., 30 cent.

180 — Soleil couchant.

Haut., 16 cent.; larg., 26 cent.

181 — La Bièvre.

Haut., 27 cent.; larg., 23 cent.

182 — La Tuilerie du haut, Courpalay.

Haut., 23 cent.; larg., 35 cent.

183 — Le Sauvageon, Fontainebleau.

Haut., 19 cent.; larg., 27 cent.

184 — Effet d'orage, marine.

Haut., 21 cent.; larg., 41 cent.

185 — Les Cagettes, Lardy.

Haut., 19 cent.; larg., 24 cent.

186 — Etude d'hiver, route de Rozoy.

Haut., 36 cent.; larg. 53 cent.

187 — Neuilly.

Haut., 34 cent.; larg., 58 cent.

188 — Lever de lune, Veneux-Nadon.

Haut., 28 cent.; larg., 49 cent.

189 — Jardins de Veneux-Nadon.

Haut., 28 cent.; larg., 49 cent.

190 — Un Lavoir au Mans (Sarthe).

Haut., 45 cent. 1/2; larg., 33 cent. 1/2.

191 — Prairie de Bretoncelles.

Haut., 28 cent.; larg., 49 cent.

192 — Soir à Courtomer.

Haut., 28 cent. 1/4; larg. 49.

193 — Poiriers dans la grand'pièce à Veneux.

Haut., 48 cent.; larg. 49 cent.

194 — Réserve du moulin de Courtomer.

Haut., 28 cent.; larg. 46 cent.

195 — La Mare aux fées (Fontainebleau).

Haut., 23 cent. 1/2; larg., 37 cent. 1/2.

196 — Bilbao.

Haut., 24 cent. 1/2; larg., 36 cent.

197 — Herbage à Pierrecourt (Seine-Inférieure).

Haut., 22 cent. 1/2; larg., 35 cent.

198 — Prairie de Courpalay.

Haut., 35 cent.; larg., 26 cent. 1/2

199 — Pompierre.

Haut., 35 cent.; larg., 26 cent.

200 — Precy à Mont (Aisne).

Haut., 33 cent.; larg., 23 cent.

201 — Chaumière au Libera (Orne).

Haut., 22 cent.; larg., 35 cent.

202 — Les Roches Courtaux, vues de l'île à Marin, soleil couché.

Haut., 25 cent.; larg., 44 cent.

203 — La Ferté Milon, des prés de Saint-Lazare.

Haut., 25 cent.; larg., 45 cent. 1/4.

204 — Jardin de Courpalay.

Haut., 25 cent.; larg., 33 cent.

205 — Les Buttes Montmartre, vues de la plaine Saint-Denis.

Haut., 19 cent.; larg., 50 cent.

206 — Ile Saint-Denis.

Haut., 24 cent., larg., 18 cent.

207 — Le Lavoir de Masson, La Ferté-Milon.

Haut., 25 cent., larg., 18 cent. 1|2.

208 — Chênes de la Mare-aux-Fées (Fontainebleau).

Haut., 16 cent.; larg., 27 cent. 1|2.

209 — Soleil couchant, prairie de La Ferté-Milon.

Haut., 14 cent. 3|4; 21 cent. 1|2.

210 — La Poterne de Saint-Vast. La Ferté-Milon.

Haut., 17 cent.; larg., 29 cent.

211 — Figures au soleil.

Haut., 27 cent. 1|4; larg., 18 cent. 1|2.

212 — Effet de brouillard.

Haut., 18 cent. 1|2; larg., 27 cent. 1|2.

213 — Soleil levant.

Haut., 18 cent. 1|2; larg., 27 cent. 1|2.

214 — Moulins de Nesles (Seine-Inférieure).

Haut., 19 cent.; larg., 25 cent.

215 — Plaine de Barbizon.

Haut., 14 cent. 1|2; larg., 35 cent.

216 — Plaine de Chailly.

Haut., 9 cent. 1|2; larg., 20 cent.

217 — Ferme des étangs de Bourcq.

Haut., 12 cent.; larg., 20 cent.

218 — Soleil couchant, route de Moret.

Haut., 15 cent.; larg., 25 cent. 1|2.

219 — Plage de Berck.

Haut., 25 cent; larg., 46 cent.

220 — Plaine de Veneux.

Haut., 27 cent. 1|2; larg., 49 cent.

221 — Etude de vache.

Haut., 37 cent. 1|2; larg., 45 cent.

222 — Etude de vache.

Haut., 27 cent.; larg., 46 cent.

223 — Etude de vache.

Haut., 33 cent.; larg., 41 cent. 1|2.

224 — Etude de vache.

Haut., 32 cent. 1|2; larg., 41 cent. 1|2.

225 — La Marnière de Champgeard.

Haut., 27 cent.; larg., 40 cent.

226 — Moulin Richard à Lardy.

Haut., 27 cent.; larg., 35 cent.

227 — Ile Saint-Ouen.

Haut., 17 cent.; larg., 30 cent.

228 — Saint-Jean-de-Luz.

Haut., 32 cent.; larg., 48 cent.

229 — Prairie de Nesles, Normandeuse.

Haut., 21 cent. 1|2 ; larg., 42 cent.

230 — Vaches dans la prairie de Nesles.

Haut., 23 cent. 1|2 ; larg., 37 cent. 1|2.

231 — Baigneuses au bord de la Juine.

Haut., 49 cent. 1|2 ; larg., 32 cent.

232 — Boinveaux près Lardy.

Haut., 17 cent.; larg., 29 cent.

233 — Plaine de Barbizon.

Haut., 25 cent., larg., 41 cent.

234 — Etude de figure nue à l'atelier.

Haut., 27 cent. 1|2; larg., 18 cent. 2|3.

235 — Soleil levant.

Haut., 25 cent.; larg., 40 cent. 1|3.

236 — Figures dans les champs aux Sablons.

Haut., 32 cent. 1|2 ; larg., 41 cent.

237 — Etude par Corot.

238 — Papeleu. Pont Solférino.

239 — Gaspard Lacroix.

240 — Saint-Sébastien, copie d'après Corot.

241 — Corot. Étude de guerrier.

IMPRIMERIE

D. DUMOULIN ET Cie, A PARIS

5, Rue des Grands-Augustins, 5

www.ingramcontent.com/pod-product-compliance
Lightning Source LLC
LaVergne TN
LVHW020259230826
846091LV00006B/2479

* 9 7 8 2 3 2 9 5 1 3 3 8 6 *